Beautiful
TERENGGANU
ビューティフル・トレンガヌ
－マレーシア・トレンガヌ州の魅力－

Beautiful
TERENGGANU

ビューティフル・トレンガヌ
－マレーシア・トレンガヌ州の魅力－

ノライン・マンソール

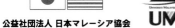

公益社団法人 日本マレーシア協会 UMT ITBM Institut Terjemahan & Buku Malaysia

2020

Air Terjun Sekayu

Pokok Berlubang Chemerong

Hutan Simpan Merchang, Marang

Pulau Redang

Welcome
to
TERENGGANU DARUL IMAN

はじめに

慈悲深き、慈愛あまねくアッラーの御名において。

その恵みとお許しにより、本書の完成に至らしめた、
アッラーにこそすべての称賛あれ。

　マレーシア半島の東海岸に位置するトレンガヌ州の独自性と美しさを、マレーシア国内だけでなく世界にも発信するための特別な書籍を発行することができました。美しい島々、魅力的な場所、独特な文化遺産や美味しい食べ物の数々は、トレンガヌを旅行する観光客にとって思い出深いものとなるでしょう。この本は、地域の観光産業促進と海外市場の開拓という、マレーシア政府の取り組みの一環として、出版されました。

　本書は、マレーシアの人々だけでなく、世界中の人々が、この美しいトレンガヌ州について、よりよく知って頂けるためのガイドブックとなることを願っています。

ノライン・マンソール（Prof. Dato' Dr. Noraien Mansor）
マレーシア・トレンガヌ大学准教授

トレンガヌ州の特色

Beautiful TERENGGANU
ビューティフル・トレンガヌ
ーマレーシア・トレンガヌ州の魅力ー

トレンガヌ州の特色

　マレーシア半島の東海岸に位置するトレンガヌ州(Terengganu Darul Iman)は、「美しい州、興味深い文化と善良な人々」というスローガンにふさわしく伝統的文化が豊富に存在します。 南部をパハン州と接し、州都クアラ・トレンガヌをはじめ、クアラ・ヌルス、ドゥングン、クママン、フル・トレンガヌ、 ブスット、スティウ、マランの8つの地区から構成されています。

Besut

Setiu

Kuala Nerus

Kuala Terengganu

Marang

Hulu Terengganu

Dungun

Kemaman

これらの主要地区以外に、レダン島、プルフンティアン島、カパス島、トゥンゴル島、ラン・トゥンガ島、グミア島、ビドン島といった美しい島々があり、これらの島は観光地としても有名です。

　また、文化遺産、伝統的なグルメや観光スポットも豊富です。トレンガヌ州の経済発展を促進する主な産業は、観光、漁業、農業、石油、バテック（ろうけつ染め）やソンケット（伝統織物）などの繊維産業、銅器、クロポ・レコー（フィッシュ・クラッカーの一種）、工芸品などがあります。

観光名所

　　トレンガヌ州は、島、ビーチ、娯楽施設、ショッピングセンター、レストラン、クロポやソンケットの製造所などが有名な観光名所です。トレンガヌ州各地区には数々の美しい観光地があります。

ビューティフル・トレンガヌ
－マレーシア・トレンガヌ州の魅力－

Kuala Terengganu

クアラ・トレンガヌ地区

バトゥ・ブロー・ビーチ

　バトゥ・ブロー・ビーチは、クアラ・トレンガヌの中心街から約1kmに位置します。　ここでは、伝統的な凧上げや乗馬などの様々な娯楽が楽しめ、トレンガヌ州を訪れる観光客にとって、魅力的な場所の一つであることは間違いありません。

Hotel Permai

Hotel Primula

パヤン・マーケット

　パヤン・マーケットは、是非とも訪れて欲しい場所です。ここではバティックやソンケット、その他手工芸品、銅器、食料品など様々なトレンガヌ名物が手頃な価格で販売されており、地元の人々だけでなく多くの観光客で賑わっています。

パヤン・マーケットの新外観

イスラム文明公園

　2005年3月、クアラ・トレンガヌのワン・マン島に建設されたイスラム文明公園は、世界中のあらゆる地域のイスラム教の遺産と建築をテーマにしたテーマパークです。トレンガヌの主要な観光地の一つで、世界各地の22のモスクのレプリカを見て回れます。　また、ユニークなデザインのクリスタル・モスクが隣接しています。

トレンガヌ州立博物館

　トレンガヌ州立博物館は、遺物や古代の芸術作品が展示されている人気の観光スポットです。博物館のデザインは、ルマ・ブジャン・ブルスランビと呼ばれる地域のマレー伝統建築様式を反映したつくりとなっています。

華人街

　　チャイナタウンとしても知られる華人街 は、ワリサン島からすぐに近く位置するバンダール通りにあります。そこは多くの華人が住んでいる地域です。華人街には、ユニークな牌楼(門)、昔ながらの小路、興味深いモニュメントが多く点在しています。店先には伝統的な中国の名残があり、訪問者がお土産や衣服を買うことができます。または、カフェやレストランでコーヒーの香りを楽しむことができます。

フローティング・モスク

　トゥンク・トゥンガ・ザハラ・モスクまたはフローティング・モスクは、マレーシアで最も有名なモスクの一つです。 イバイ川河口に建つこのモスクは、クアラ・トレンガヌの中心部から約4kmのところに位置しており、現代建築の影響を受けており、夜になると独特で優美な姿を見せます。

跳ね橋

　クアラ・トレンガヌ跳ね橋は、州の新しいランドマークです。このユニークな橋は、アジアで最初にできた最長の跳ね橋です。この橋には、北ムアラと南ムアラを結ぶ2つの4階建ての塔があります。塔内には、管理事務施設、高級レストラン、そしてギャラリーがあります。

UTC（都市変革センター）

　都市変革センターまたはUTCトレンガヌはクアラ・トレンガヌの中心街に新しく建設されたランドマークです。この建物は、様々な主要政府サービス施設と民間セクターを提供しています。

Hotel Paya Bunga

クロポ・レコー

　　クロポ・レコー産業はトレンガヌが誇る伝統的な一大産業で、州内のいたるところに生産施設または販売所があります。その中でもブランド化されたものとして、クロポ・レコー・ロソン、クロポ・レコー・ロサ、クロポ・レコーBTB 2209、クロポ・レコー 008があります。

ドゥヨン島

　ドゥヨン島は、トレンガヌ州の伝統的な船づくりの地として知られています。トレンガヌ川沿岸にあり、車またはボートでアクセス可能です。この島は、年末に開催される世界的ヨットレース「モンスーン・カップ」の会場としても有名です。島にある5つ星ホテル「ドゥヨン・マリーナ＆リゾート」は、上質で落ち着いた宿泊空間と刺激的なセーリング施設を提供しています。

Kota Lama Duyong

Pejabat Tourism Terengganu

トレンガヌ・バテック

　トレンガヌ州は、マレーシアで最大のバティック生産地の一つとして知られています。トレンガヌ州で生産されるバティックには、手描き、打刻、機械印刷の3種類があり、トレンガヌの有名なバティックは、ノール・アルファ・バティック、ノジ・バティック、デサ・ムルニ・バティック、ワン・イスマイル・バティック、シーム・ノール・バティックという生産者の名前で販売されています。

伝統的な船

　トレンガヌ州⋯
船づくりは有名で⋯
ドゥヨン島にあり⋯
船は金属製の釘を⋯
造られます。小型や⋯
は、オーストラリア、⋯
ュージーランドなど世⋯
で、漁師や愛好家のた⋯
別に製造されています。

Kuala Nerus

クアラ・ヌルス地区

クタパン・ベイ・ビーチ

　クタパン・ベイ・ビーチはスルタン・マームド空港からすぐのところにあり、週末には様々なレクリエーション活動を楽しむことができる場所です。

プナンバン・ボート

　「プナンバン」ボートはスブラン・タキルの伝統的な乗り物で、現在も運行されています。このボートは午前6時から午後7時まで、スブランン・タヒールからシャーバンダールの桟橋まで乗客を運んでいます。プナンバン・ボートは乗客を運ぶほかに、トレンガヌ川の観光ツアー用にレンタルすることも可能です。

トレンガヌ州にある公立大学

マレーシア・トレンガヌ大学

スルタン・ザイナル・アビディン大学

ワルン・ポック・ノン （ポック・ノン屋台）

ワルン・ポック・ノンはコラム・ムンガバン・トゥリポッ村にあり、魚のフライ、エビフライ、イカフライ、ココナツジュース、そしてすべての食通をうならせる海鮮料理が有名です。

魚のフライ（ICT）

イカン・チュルップ・トゥプン（Ikan Celup Tepung：ICT、魚のフライの一種）は、トレンガヌを象徴する食べ物です。トレンガヌ州の多くの場所でICTを提供しているので、観光客はこの美味しい魚のフライをどこでも食べることができます。

ダポ・パタ＠アップタウン・コンテナ

　ダポ・パタ　＠アップタウン・コンテナはマレーシアで初めてのビーチフロント・フードコートです。ダポ・パタは、ゴン・バダックのトック・ジュンバル・ビーチにあり、夕方から夜半まで営業しています。輸送コンテナを利用した野外フードコートは独特なもので、多くの地元客のみならず観光客も魅了しています。

ドゥングン地区

Dungun

ランタウ・アバン海亀保護センター

　トレンガヌ州は、海亀が上陸・産卵する地域として有名です。ドゥングンにあるランタウ・アバン海亀保護センターは、カメの保護センターとして建設されました。

ランタウ・アバン・ビーチ

ドゥングンにあるランタウ・ア
バン・ビーチは、そのユニークな
岩場と海亀の上陸地として有名
で、トレンガヌ州で必見の観光地
のひとつです。

チュメロン森林公園

　チュメロン森林公園はトレンガヌ州のドゥングン地区にあり、東南アジアで最も高い滝があります。キャンプ、登山、ジャングル・トレッキングなどができる、トレンガヌ州で最も刺激的で有名な観光地のひとつです。

Universiti Teknologi MARA

Tasik Puteri Bukit Besi

Tanjung Jara Resort

Pantai Teluk Bidara

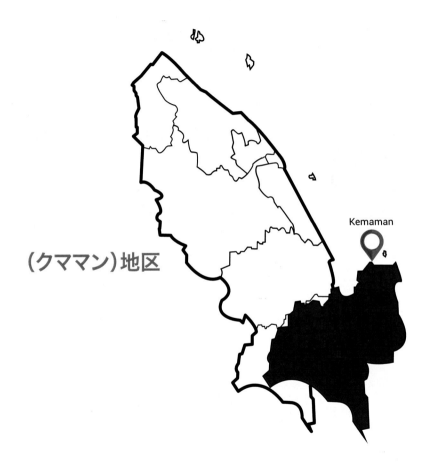

（クママン）地区

Kemaman

クマセック・ビーチ

　クマセック・ビーチは、クアラ・トレンガヌから主要道路で行くことができ、クラムとキジャルの間にあります。ビーチは独特の岩礁を形成しています。近くには漁村があり、静かで落ち着いた雰囲気を楽しむことができます。

クママン動物園

　　クママン・レクリエーション公園とクママン動物園は、観光客をクママン地方に誘致するためにトレンガヌ州の新名所として2009年にオープンしました。クママン動物園は、約150ヘクタールの敷地内に200種の動物がおり、観光客はそれらの動物を近くから観察できます。また、1.2キロメートルの吊り橋の上からも動物を観ることができます。また、運動場とウォーターパークも併設されています。

ハイ・ペンコーヒーショップ

　ハイ・ペンコーヒーショップは、チュカイとクママン地方で非常に人気があります。店内で焙煎をするコーヒーは、地元の人々に愛されています。トーストと一緒に注文するのが一般的です。

Warung Aziz Satar dan Otak-otak

ルマン・キジャル屋台

クママン地方のキジャルは、ルマン（もち米とココナッツミルクをバナナの葉でつつみ、竹筒に詰めて調理した伝統的な食べ物）が大変有名です。キジャルで販売されているルマンは一年中購入できますが、特に祝祭シーズンは大きな需要があります。ルマン以外に屋台で売られている料理として、サター、オタ・オタ、スルンディンや果物のピクルスなどがあります。

Hulu
Terengganu

フル・トレンガヌ地区

スカユ森林公園

　スカユ森林公園は、クアラ・ブランから約16km、クアラ・トレンガヌから約56kmに位置するフル・トレンガヌ森林保護区にあります。美しい滝と多種多様な動植物が生息することで有名です。観光客向けの宿泊施設、遊び場、休憩室、キャンプ場などのレクリエーション施設が完備されています。

クニェール湖

　　フル・トレンガヌ地区にあるクニェール湖は、トレンガヌの人気観光地で、1985年にクニェール・ダム建設のために造成された東南アジア最大の人口湖です。周辺には滝、川、丘陵、洞窟、森林があり、国内外の観光客にとって人気のデスティネーションです。

Houseboat

クラー保護区

クラー保護区は、クニェール湖内のスンガイ・プタンにあります。この保護区は、淡水魚の保護、保存、繁殖のための保護区として指定されているため、釣りは厳重に禁止されています。しかしながら、訪問者は壮大なクラー保護区で泳いでいる間に、様々な種類の魚による伝統的なフット・スパ経験を楽しむことができます。

石碑

　バトゥ・ブルスラット記念
碑は、700年前の石碑が発見
されたクアラ・ブランのブロ
村にあります。碑文の複製に
は、イスラムの法律を記述し
たジャウィ文字の原文テキス
トが記されています。この記
念碑は、サイド・フシン・ビン・
グラム・アル・ブハリによる石
碑の発見を記念して建てられ
ました。石碑の原板は、トレン
ガヌ州立博物館に移転され
ました。

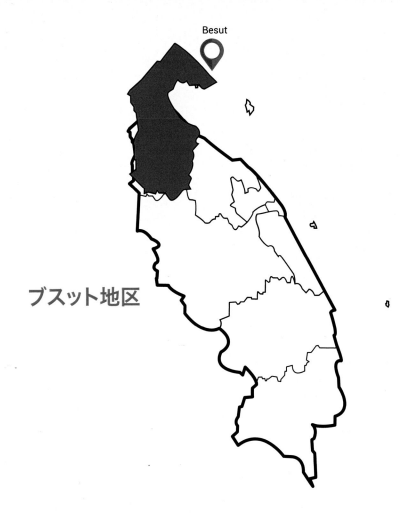

Besut

ブスット地区

ブキット・クルアン

　ブスット地区のクア
ラ・ブスットから約4kmの
ところに位置するブキッ
ト・クルアンは、レジャー
に最適なスポットです。ビ
ーチには素晴らしい岩礁
があり、小さな洞窟を形
成しています。さらに、ブキ
ット・クルアンはハイキン
グコースとして、愛好家の
間でよく知られています。

デサ・ウキラン・カユ
(木彫り工芸村)

　デサ・ウキラン・カユ・イスタナ・トゥンク・ロンとしても知られるデサ・ウキラン・カユは、ブスット地区のラジャ村に位置しています。デサ・ウキラン・カユには伝統的な建築が保存されており、木彫りを中心とした工芸品の生産地となっています。

Pantai Air Tawar

ラー温泉

　　ラー温泉は、フル・ブスットのジェルテから約28kmのところにある温泉施設です。硫黄泉で水温は摂氏49度です。ラー温泉には、休憩室、トイレ、礼拝室、飲食店などの公共施設があります。

ラタ・トゥンバカ滝

　ジュルテのジャビ村近くのプラガット森林保護区内にあり、ジュルテから約24km、クアラ・トレンガヌから約130kmのところにあります。ラタ・トゥンバカ滝は、7層の見事な滝や、レジャー・プールがある人気の観光地です。

Setiu

スティウ地区

ラタ・パヨン滝

　ラタ・パヨン滝はクアラ・トレンガヌから約65kmのラタ・パヨン森林保護区にあります。　この滝の水は、川底が見えるほど澄みきっており、観光客にも人気のスポットです。

トレンガヌ国際エンデュランス公園 (TIEP)

　スティウ地区のルンバ・ビドンにあるトレンガヌ国際エンデュランス公園は、世界的な馬術のエンデュランス（耐久）競技が催される公園して知られています。

プナリック・ビーチ

　プナリック・ビーチ
は、スティウ地区の沿岸
道路沿いにあるピクニッ
クに最適な人気スポット
です。ここには飲食店、休
憩室、モスク、シャレーな
どがあります。

ムランビーチ

　ムランビーチは、トレンガ
又州で訪れるべき美しくて魅
力的な場所の一つです。海岸
沿いの飲食店では新鮮なシ
ーフードを楽しむことができ
ます。また、海岸付近には、河
口の深さを調整するための防
波壁が設置されています。

Boardwalk Setiu

Setiu Wetland

Marang

マラン地区

Beautiful TERENGGANU
ビューティフル・トレンガヌ
ーマレーシア・トレンガヌ州の魅力ー

マラン桟橋

　マラン桟橋は、観光客がカパス島に向かうための主要な拠点です。桟橋周辺には、旅行者にさまざまな旅行パッケージを提供する旅行代理店があります。マラン桟橋には、マラン川の河口を一望できるフードコートもあります。

クルルット・ビーチ

　　クルルット・ビーチは、
クアラ・トレンガヌからク
アラ・ルンプールまでの
主要道路沿いにあり、家
族や友人と一緒に余暇を
過ごすのに最適な場所で
す。クルルット・ビーチには
多くのレストランがあり、
特に焼き魚、焼きイカ、焼
きガニ、焼き海老など、新
鮮な海鮮料理が揃ってい
ます。カパス島の素晴らし
い景色がこのビーチから
はっきりと見えます。

Squid Jigging

UNIT KOMUNIKASI NEGERI TERENGGANU
(UKOM)

Pulau Kekabu

Beautiful TERENGGANU
ビューティフル・トレンガヌ
ーマレーシア・トレンガヌ州の魅力ー

カパスーマラン国際スイマソン

　スイマソンは、カパス島からマランまで6.5kmのレースです。カパスーマラン国際ケルルットビーチは、地元の水泳選手と国際的な水泳選手が参加する年1回のイベントです。毎年オーストラリア、シンガポール、ドイツ、米国、（イギリス、ノルウェー、アルジェリア、カナダ、中国）から選手が参加しています。

魅惑的な島々

トレンガヌ州には7つの美
しく魅惑的な島があります。

- ·　レダン島
- ·　プルフンティアン島
- ·　カパス島
- ·　ラン・トゥンガ島
- ·　ビドン島
- ·　トゥンゴル島
- ·　グミア島

レダン島

　南シナ海に位置するレダン島は、マレーシア半島の東海岸で最も大きな島のひとつで、落ち着いた雰囲気を持つ大変魅力的な島です。白い砂浜と透明な海からなる人気のリゾート地であるとともに、マレーシア半島で最高のダイビングスポットとしても有名です。レダン島は、シュノーケリング、スキューバダイビング、カヤック、ジャングル・トレッキングなど、様々な娯楽を楽しめます。

プルフンティアン島

　　プルフンティアン島の由来は、昔、商人た
ちがマレーシア半島とバンコクの間を行き来
した際に、この島へ立ち寄ったため、「プルフン
ティアン(中継地)」という名前が付いたとされ
ています。　　プルフンティアン・ブサル島プルフ
ンティアン・ケチル島の2つの島からなってい
ます。美しく興味深いサンゴ礁と、透明度の高
い水域で知られるプルフンティアン島は、シュ
ノーケリングやスキューバダイビング、ジャン
グル・トレッキングができるだけでなく、大トカ
ゲ、オオコウモリ、リス、ノネズミなどの野生動
物の観察もできるため、多くの観光客が訪れ
ます。プルフンティアン島は、世界で最も美しい
島100選で13位にランクしたことがあります。

カパス島

　クアラ・トレンガヌの近くに位置するカパ
ス島の島名は、「綿の木」に由来します。全長
2km、幅1kmで、スキューバダイビング、シュ
ノーケリング、カヤックなどのウォータースポ
ーツができることで有名な島です。また、毎年
6−7月はイカ釣りのシーズンです。観光客は、
夜中に外洋でイカ釣りを体験し、その後、釣っ
たイカの料理を楽しむことができます。

ビドン島

　ビドン島はトレンガヌ海岸沿いのムランから45km離れた場所にあり、シュノーケリング、スキューバダイビング、カヤックに最適な場所です。この島は、1970年代にベトナム難民が一時的に滞在し、集落を築いた歴史があります。ビドン島訪問者は、記念碑、墓地、教会跡、記念館など、ベトナム難民キャンプ跡地を見学することができます。

ラン・トゥンガ島

・ ラン・トゥンガ島はレダン島とプルフンティアン島の間に位置しています。透明な水域に囲まれており、静寂と海洋生物の美しさを堪能でき、スキューバダイビングやシュノーケリングに最適な場所です。

トゥンゴル島

　トゥンゴル島はドゥングンからわずか3kmのところにある魅力的なリゾート・アイランドです。観光客はシュノーケリングやスキューバダイビングといったウォータースポーツや、パロットフィッシュ、巨大なエイ、ヒョウザメなどを観察することができます。テロッ・アイル・タワールエリアでは海亀観察、バトゥ・トコンエリアでは釣り、トレッキング、ハイキングなどができます。自然美が保護されているトゥンゴル島は、訪れた人々を静寂の世界へ誘います。

グミア島

　ゲミア島は、カパス島の北方約800mに位置しています。澄んだ水とサンゴ礁に囲まれ、人目をさけた静けさを求める観光客に最適な休暇地です。シュノーケリング、トレッキング、カヤックなどのアクティビティが可能です。さらにシーズン中には海亀の上陸を見ることもできます。

トレンガヌの伝統的な特産品

トレンガヌ州は、織物、木彫り、バティック、塗器、真鍮細工、ソンケット織、伝統的な舞踊や音楽など、他にはない魅力的な伝統文化遺産が豊富にあります。

バティック

　　バティックは、トレンガヌ州の有名な工芸品の1つで、公式の行事や祝祭のための伝統的な衣装やサロン（腰に巻く衣類）を作るために広く使われています。バティックには、消費者の嗜好の変化に合わせて、伝統的な柄と現代的な柄と用いられています。バテック・シャツは、学生や政府職員の正装として着用されています。現在、女性は職場だけでなく、フォーマルやカジュアルな集まりにおいても、よくバティックを着用しています。

　　バティックは衣服以外にも、テーブルクロス、ベッドシーツ、クッションカバー、スカーフなどを作るために使われています。その魅力的で独特な柄によって、バティック製品は外国人観光客の人気のお土産の一つになっています。マレーシアのバティックは地元の技術とデザインを使って生産されており、マレーシアは世界の主要なバティック生産国のひとつです。

織物

　織物はマレー人の生活や文化に影響を
与えてき伝統工芸で、ヤシの葉の芯、籐、根、
竹、パンダヌス、松の葉、ジュートなどの植物
から得られる材料を、織り合わせることによ
ってできています。バスケット、マット、家具、
間仕切り、多目的容器、壁パネル、お土産品
などの産品には、マレー人の独創性と芸術
性が反映されています。今日では、ルシラ、ド
ゥングン、ルー・レンゲー村、キジン村、チュ
ンドゥリン、クアラ・イバイなど、トレンガヌ州
の多くの地区の人々が織物づくりを継承し
ています。

木彫り

　木彫りは最古のマレー伝統工芸のひとつであり、トレンガヌ州のものは特に有名です。トレンガヌ州におけるマレー人の木彫り技術は、王宮、アーチ道、住宅、モスク、モスクの説教壇、礼拝室、休憩所、ゲーム用具、伝統楽器、家具、武器、調理器具、木工道具、さらにはボート、馬車、および牛車のような伝統的な輸送手段にまで、幅広く使用されています。

　木彫りには、木材の選択、加工、モチーフ選択といった様々な技術を必要とします。彫刻家は、自分の作品にそれぞれ独自の個性をモチーフとしていますが、中でも人気のモチーフは、花、葉、樹木、水生植物、果実、月と星が含まれているものです。

真鍮細工

　　トレンガヌ州では、現代的な機械式の設備があるにもかかわらず、昔ながらの手作り真鍮を生産しています。真鍮細工には、キンマの葉を施した容器、キャンドルスタンド、香炉、トレイスタンドがあります。

ソンケット織

　　ソンケット織は、数世代にわたって継承されたマレー人の織物芸術で、特にマレーシア東海岸のトレンガヌ州、クランタン州、パハン州で有名です。ソンケット織は、綿、絹糸または金糸を使用して織られており、その独創的で美しく魅力的な織り柄と職人技は、織り手の技術と創造性を際立たせています。

　　一昔前まで、ソンケット織は王族、貴族、首長たちだけが着用していました。織り柄の複雑さが、着ている人の地位を反映していました。しかし今日では、ソンケット織は、政府機関での正装として使用されており、結婚式用の晴れ着、マレー人男性の正装、バジュ・ムラユに用いられるサンピン（腰巻布）、女性の日常着バジュ・クロン、贈答品、お土産や壁掛けなどにも使用されています。

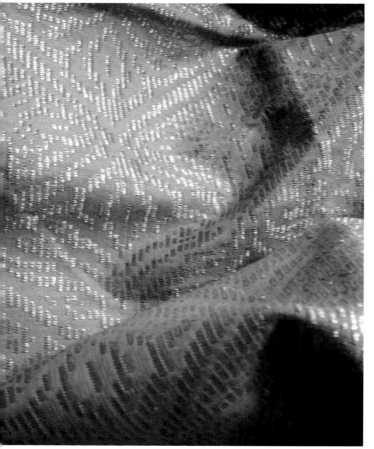

ウリック・マヤン

ウリック・マヤンは、10〜15人の踊り手によって踊られる伝統舞踊で、トレンガヌ州の象徴の一つです。その起源は、タナ・スブランまたはジャワ島にあると言われています。この舞踊は歌と音楽を伴い、通常、礼拝の儀式の夜に海岸で行われます。

この舞踊は、7人の王女、伝統的な信仰療法者である呪術師、患者を題材とした詩、歌そして踊りによって構成される、マレーの伝統舞踊劇です（Zaiful：2010）。

ウリック・マヤンは、海に出た漁師集団に関する昔話をその起源にしていると言われます。漁師たちは、大海原で恐ろしい嵐に直面し、船は激しい波に打たれました。その結果、すべての漁師は荒れ狂う海の中へ投げ込まれました。

嵐が止んだ後、漁師たちは海岸で意識を取り戻しましたが、1人は意識不明のままでした。彼らは悲しみにくれ、意識を失った漁師の魂は別の世界にあると考え、呪術師の元へ友人を連れていきました。呪術師は治癒の儀式を行いましたが、意識は戻らず、その漁師は海神によって呪文をかけられていたことが分かりました。

嵐の中で、ブニヤン王女（眼に見えない超自然的存在）が、すべての漁師に呪文をかけようとしましたが、唯一人意識を失った漁師のみが呪文に落ちて、超自然の領域に閉じ込められてしまったと信じられています。呪術師は漁師の魂を現実世界に連れ戻そうとしましたが、ブニヤン王女の妹が加勢したため、うまくいきませんでした。呪術師とブニヤン王女との闘いの最中に、さらに2人ずつ姉妹が加わり、王女は6人になりました。

争いは大地が激しく揺れるほど壮絶なものとなりましたが、最後に、最も美しく、強く、知恵を備えた王女姉妹の長女が現れました。呪術師は彼女に漁師の魂を返すように訴えました。最年長の王女は、次のように言って戦いを終わらせました。

「私はあなたの起源を知っています。」

「海から来たものは海に帰り、陸から来たものは陸へ戻りなさい。」

やがて漁師は意識を取り戻しました。呪術師と他の漁師たちは王女に恩義ができたので、彼らは報恩の意を込めて、彼女に色付きの米を献上しました。

Umbuk mayang diumbuk
Umbuk dengan jala jemala
Ulik mayang diulik
Ulik dengan puterinya dua

Puteri dua berbaju serong
Puteri dua bersanggul sendeng
Puteri dua bersubang gading
Puteri dua berselendang kuning

Umbuk mayang diumbuk
Umbuk dengan jala jemala
Nok ulik mayang diulik
Ulik dengan puterinya empat

Puteri empat berbaju serong
Puteri empat bersanggul sendeng
Puteri empat bersubang gading
Puteri empat berselendang kuning

Umbuk mayang diumbuk
Umbuk dengan jala jemala
Nok ulik mayang diulik
Ulik dengan puterinya enam

Puteri enam berbaju serong
Puteri enam bersanggul sendeng
Puteri enam bersubang gading
Puteri enam berselendang kuning

Umbuk mayang diumbuk
Umbuk dengan jala jemala
Nok ulik mayang diulik
Ulik dengan puterinya tujuh

Puteri tujuh berbaju serong
Puteri tujuh bersanggul sendeng
Puteri tujuh bersubang gading
Puteri tujuh berselendang kuning

Umbuk mayang diumbuk
Umbuk dengan jala jemala
Nok ulik mayang diulik
Ulik dengan tuannya puteri

Tuan puteri berbaju serong
Tuan puteri bersanggul sendeng
Tuan puteri bersubang gading
Tuan puteri berselendang kuning

Umbuk mayang diumbuk
Umbuk dengan jala jemala
Nok ulik mayang diulik
Ulik dengan tuannya puteri

Kutahu asal usulmu
Yang laut balik ke laut
Yang darat balik ke darat
Nasi berwarna hamba sembahkan

Umbuk mayang ku umbuk
Umbuk dengan jala jemala
Pulih mayang ku pulih
Pulih balik sediakala.

ロダッ

ロダッはトレンガヌ州の人々に大変親しまれているマレーの伝統芸能です。ロダッは、音楽の演奏、踊り、歌唱を組み合わせて演じられます。男性と女性が歌い、ルバナ（ドラムの一種）が奏でるリズムに合わせて踊ります。歌の歌詞にアラビア語が用いられていることから、ロダッは中東に起源を持つことを示しています。中東地域との交易によって、1世紀以上前にこの芸能がもたらされました。

ロダッはアッラーの祝福を求めるとともに、村人同士の絆を強めるために、アッラー、預言者、使徒たちを賛美する歌によって行われます。

ロダッは一日の仕事を終えた晩に、小さなグループで行われます。また、モンスーン期の暴風雨で、漁師たちが漁に出られない際にも行われます。ロダッは通常結婚式や儀式で行われ、その場の雰囲気を盛り上げ、お客を楽しませます。その際は、踊りは行われません。

1950年代から1970年代のはじめまでは、トレンガヌ州におけるロダッの黄金時代であり、民間芸能から王宮芸能へと発展し、トレンガヌ州のスルタン誕生日などの公式行事として宮殿で演じられるようになりました。

ガムラン・ダンス

ガムラン・ダンスは、17世紀にリアウ・リンガ王国の宮廷で行われたマレー古典舞踊です。1811年、パハン国プカンでリンガとワン・エサを統治したスルタン・アブドゥル・ラーマンの王子トゥンク・フサインと、パハン国宰相アリの娘の結婚式において、初めて公けに披露されました。ガムラン・ダンスは、パハン国の王女トゥンク・マリアムとトレンガヌ国のトゥンク・ザイナル・アビディンの息子トゥンク・スライマンの結婚によって、トレンガヌへも拡がりました。

ガムラン・ダンスは女性だけによって踊られる、マレー舞踊の中でも特に色鮮やかな舞踊です。

ガムランの曲は元来77曲ありましたが、現在は33曲のみ演奏されています。それらは、ティマン・ブルン、アヤック・アヤック、ランバン・サリ、クタム・ルンジョン、グリウン、ランタイ・リマ、クンディン・ガジャ、トゴッ・ロンピン、クナン・クナン・マボッ、ガロックなどです。

洲の魅力─

ご当地グルメの数々

多種多様な料理

　トレンガヌ州には、数多くのご当地グルメ料理があります。地元の人々と観光客に人気のある料理は、ナシ・ダガン、ナシ・ルマッ、ラクサム、ラクサ、ナシ・ミニャッ、プルッ・クニン、クトゥパッなどで、これらは通常、朝食として食べられています。

Ketupat Nasi
Sambal Ikan

Ketupat
Daun Palas

Laksam

Laksa Kuah Putih

Laksa Kuah
Merah / Masak

Nasi Dagang

Nasi Lemak
Ikan Tongkol

Nasi Kunyit / Pulut Kuning
Ikan Tongkol

Nasi Minyak

Singgang Ikan Tongkol

昼食には、シンガン・イカン・トンコル、アヤム・ゴレッ・トレンガヌ、クラブ・プチョッ・パク、グライ・カワ、クルトッ・アヤム／ダギンなどが有名です。

Ayam Golek Terengganu

Kerabu Pucuk Paku

トレンガヌ州では、朝食やおやつに食べる様々なローカルケーキも有名です。人気の伝統的なケーキとして、トゥプン・ブンクス、ロンパン、バイッ、ジャラ・ウマス、ウマス・スジュンプッ、ネックバッ、ムンガナン、トッ・アジ・スルバン、ブカン、トゥプン・カポル、ロジャッ・カテ、アサム・グンパル、ロパ、カユ・クラマッ、クトゥパッ・ソトンなどがあります。いつでも食べられるものとして、クロポ・レコー、クロポッ・クピン、サター、オタッ・オタッ、そしてプルッ・ルパなどがあります。

Emas Sejemput

Ba'ik

Jala Emas

Bekang Manis / Bekang Lemak

Nekbat

Menganang

Asam Gumpal
(Sagu Gumpal)

Tepung Bungkus

Kuih Pasung

Tok Aji Serban

Kayu Keramat

Kuih Ropa

Rojak Kateh

Ketupat Sotong

Satar

Otak-otak

Pulut Lepa

Keropok Keping

Keropok Lekor

数えきれないほどの魅力に溢れた
麗しきトレンガヌ州は、
あなたのあらゆる望みを叶え、
それらは決して忘れられない甘美な思い出として、
いつまでも心に残ることでしょう。

参考文献

Aziz Deraman & Noraien Mansor. (2011). Ahmad Said Dari Rakyat Untuk Rakyat. Kuala
    Terengganu: Penerbit Universiti Malaysia Terengganu.

Aziz Deraman & Noraien Mansor. (2011). Terbitan Khas Tuanku Canselor UMT Seri Paduka
    Baginda Raja Permaisuri Agong Tuanku Nur Zahirah. Kuala Terengganu: Penerbit
    Universiti Malaysia Terengganu.

Noraien Mansor. (2005). *Keropok Lekor Terengganu English Edition*. Terengganu: Penerbit
    Universiti Malaysia Terengganu.

Noraien Mansor. (2017). *Keropok Lekor Terengganu Edisi Kedua*. Terengganu: Penerbit
    Universiti Malaysia Terengganu.

Norhana Fariza Harun. *2011 Mula Pembangunan Di Kenyir – Kerja Pembangunan Dijangka
    Siap dalam Setahun, Ke Arah Menjadikannya Pulau Bebas Cukai*. Utusan Malaysia.
    2 Januari 2010.

Wan Amalia Wan Mohd Daud. Tasik Kenyir Berubah Wajah. Sinar Harian. 30 September,
    2010.

謝辞

Kerajaan Negeri Terengganu

Jabatan Pelancongan Terengganu
(Tourism Terengganu)

Terengganu Inc. Sdn. Bhd.

Majlis Bandaraya Kuala Terengganu (MBKT)

Urus Setia Penerangan Darul Iman (UPDI)

Lembaga Kemajuan Terengganu Tengah (KETENGAH)

Muzium Negeri Terengganu

TTI Management Sdn. Bhd.

Universiti Malaysia Terengganu (UMT)

Krew Penerbit UMT

ビューティフル・トレンガヌ　－マレーシア・トレンガヌ州の魅力－
2020年 3月 1日　第1刷　発行

著　者　ノライン・マンソール
発行所　公益社団法人日本マレーシア協会
　　　　〒102－0093　東京都千代田区平河町1－1－1
　　　　Tel. 03-3263-0048
発売元　株式会社紀伊國屋書店
　　　　〒153－8504　東京都目黒区下目黒3－7－10
　　　　ホールセール部（営業）Tel. 03-6910-0519
印刷・製本　UMT (Malaysia)
ISBN　978-4-87738-538-5 C0026
定価は外装に表示してあります。

1 March 2020